CITRUS

Cooking

Book

柑橘料理の本

尾田衣子

はじめに

みかんにレモン、グレープフルーツ。すだちにライム……
スーパーマーケットには1年中、さわやかな柑橘が並んでいます。
私も子どもの頃から、グレープフルーツが大好き！
今でも必ず常備している柑橘です。
最近では、塩レモンや広島のレモンブームなどもあって、
4～5月になると
市場にさまざまな柑橘フレーバーのお菓子やお酒が並び始めます。
さわやかな酸味とさっぱりとした甘みの柑橘は、
世界中で愛されているフルーツ。
そのまま食べてもおいしいけれど、
どうせならこんなに安くて身近な食材、
もっと活用したいと思いませんか？
しぼるだけじゃない。炒めたり、煮込んだり、そしてマリネにも使えます。
柑橘を用いることで、いつもの料理も洗練された味に早がわり。
なぜなら、ほかの食材にはない、あの香りがあるから。
四季折々の柑橘、1年を通して楽しんでみませんか。

尾田衣子

* *
ちなみにこの本には載っていない、今すぐできる簡単レシピを。
発泡酒を飲む際、お好きな柑橘をしぼって入れてみてください。
さわやかさとフルーティーさが加わり、フレッシュなおいしさに。
永遠に飲み続けられます（笑）。

3 はじめに

夏

8 レモンそば
10 たたききゅうりレモン漬け
11 レモン味噌の焼きおにぎり
12 簡単エスニック焼きそば
14 かぼすの油そば
15 トマトとグレープフルーツの
　　ラー油マリネ
16 かぼすそぼろ豆腐
17 レモン・サーディン
18 柑橘ゼリーポンチ
20 豚肉のレモンバター焼き カレー風味
21 グレープフルーツのしば漬けサラダ
22 レモンを使った野菜の小鉢3種
24 シュラスコもどき
　　グレープフルーツソース添え

26 あれこれ柑橘
28 リモンチェッロの仲間たち

秋

32 柑橘パエリア
34 まるごとみかんのコンポート
35 豚肉のレモンしょうが焼き
36 コンビーフみかんディップ
37 はちみつ柑橘ジャスミンティー
38 グレープフルーツのスパイス焼き
40 アヴゴレモノ
41 みかん鍋
42 みかんとバナナのクランブル

44 柑橘を使った万能調味料2
48 塩柑橘を作ろう！3
50 塩レモン2
52 塩すだち2
53 塩みかん2

表記について
＊ 計量の単位は1カップ 200ml、大さじ 15ml、小さじ 5mlです。
＊ 電子レンジの加熱時間は 600W で作る場合の目安です。500W の場合は少し長めに加熱してください。

冬

- 56 カマンベールのゆずアボカドディップ
- 57 冷凍みかんのはちみつがけ
- 58 アンチョビの炊き込みごはん
- 61 スペアリブのオレンジ煮込み
- 62 無限そぼろ丼
- 63 冬柑橘のかき鍋
- 64 オレンジシナモンロール
- 66 甘酒オレンジスムージー
- 67 きんかんモッツァレラ
- 68 チキンのゆず胡椒グリル
- 69 蒸し鶏の
  オレンジゴルゴンゾーラのっけ
- 70 ローストビーフとオレンジのサラダ
- 72 紅白オレンジなます
- 73 柑橘にしんそば

- 74 この本に出てくる柑橘と
  基本の取り扱い方
- 75 洗い方・むき方1
- 76 むき方2・果実の取り出し方
- 77 果汁のしぼり方・皮のすりおろし方

春

- 80 唐揚げマーマレードソースがけ
- 81 ライムと昆布の〆アジ
- 83 大人パフェ
- 84 メカジキのレモンバターソテー
- 85 瓦そば
- 86 ライムタルタルソース
- 88 アボカドのみそマヨ和え
- 89 柑橘クリーム・クロワッサン
- 90 ライムクッキータルト
- 93 オレンジ&有頭えび
- 94 ルッコラと甘夏のサラダ
- 95 ライムうどん
- 96 ライムアボカドディップ
- 97 シーフードのライム蒸し
- 98 みりんレモン+3
- 100 夏みかんと新玉ねぎのおかかまぶし
- 101 たことライムの簡単セビーチェ
- 102 ちらし寿司
- 104 ほたてとわかめの酢の物
- 105 かつおのすだちカルパッチョ
- 106 紫キャベツのライムマリネ
- 108 デトックスウォーター
- 109 豚フィレ肉のマリネ焼き
- 110 シトラスフレンチトースト
- 111 芳醇フムス

Summer

いつからでしょうか？
「ここはベトナム!?」かと思うような
湿気を含んだ暑さに見舞われる日本の夏。
体の熱が引くようなさっぱりとしたものが食べたくなります。
長時間火を使いたくなくて、
ついつい麺類やサラダが多くなってしまいますが、
柑橘を加えるだけで
あの香りがうだるような暑さを束の間、忘れさせてくれます。

lemon

ナンプラーバンザイ！
レ モ ン そ ば

材料(2人分)
ゆでそば　2袋(300g)
レモン(スライス)　8枚
おくら　2本
みょうが　1本
水　500ml
かつおだし(顆粒)　小さじ1
レモン汁、ナンプラー　各大さじ2
みりん　50ml

作り方
1 おくらはゆで、輪切りにする。みょうがは薄い輪切りにする。
2 鍋に水、かつおだし、レモン汁、ナンプラー、みりんを入れ、ひと煮立ちさせる。
3 別の鍋でそばを表示通り湯でゆがき、湯を切る。
4 器に3を入れ、2を注ぎ、レモンスライス、おくら、みょうがをのせる。

memo
だしにナンプラーを入れることで、レモンと合うアジアンテイストなそばつゆに変身。

memo
皮ごとレモンを使うので、苦みある大人のおいしさ。お漬物ですが、ごはんにのせたらもったいないタイプ。そのまま食べて〜！

夏のさっぱり惣菜
たたききゅうりレモン漬け

材料（作りやすい分量）
きゅうり　2本
レモン　1/4個
A　レモン汁　1/4個分
　　豆板醤　小さじ1/2
　　ごま油　大さじ1
塩、黒こしょう　各適量

作り方
1　きゅうりは包丁でたたき、長さ3cmに切る。レモンは細切りにする。
2　ボウルに1とAを入れてよく混ぜ合わせ、塩・黒こしょうで調味する。

ゆず味噌ならぬ、レモン味噌
レモン味噌の焼きおにぎり

材料（6個分）
[レモン味噌]
　レモンの皮のすりおろし　1個分
　レモン汁、みそ　各大さじ2
　みりん、砂糖　各小さじ2
ごはん　2合分

作り方
1　小鍋に[レモン味噌]の材料をすべて入れ、焦げつかないようときどき混ぜながら弱火にかける。
2　おにぎりを作り、表面に1を塗る。トースターで7分焼く。

memo
みそにレモンの皮も練りこんでいるので、食べるとさわやかアロマが口に広がる魅惑のおにぎり。日本酒の〆にもおすすめ。

kabosu

オイスターバターとかぼすのコラボ
簡単エスニック焼きそば

材料(2人分)
焼きそば 2袋(300g)
ツナ缶 2缶
かぼす 2個
パプリカ 1/3個
もやし 1/2袋
パクチー 2株
オイスターソース 大さじ3
バター 30g

作り方
1　パプリカは細切り、かぼすはくし切り、パクチーはざく切りにする。
2　フライパンにバターを熱し、溶けたらパプリカ、ツナの順で炒める。
3　焼きそばと水100ml（分量外）を加え、崩しながら炒める。
4　3にオイスターソースを加える。もやし、パクチーを混ぜ合わせる。最後にかぼすをしぼり、ざっくりと全体を混ぜ合わせる。

memo

ツナとオイスターソース、バターの合わせ使いなので、そのままだともったりした味わいに。でもかぼすを入れることでほど良くすっきり！ レモンも合いますが、酸味だけじゃなく甘みもあるかぼすがベスト。

ココナッツの香りがアクセント
かぼすの油そば

材料(2人分)
中華めん　2袋(240g)
長ねぎ　10cm
かぼす　2個
ごま油、ココナッツオイル　各大さじ2
塩、黒こしょう　各適量
パクチー　2株

作り方
1　ねぎは細切り、かぼすは輪切りにする。パクチーはざく切りにする。
2　中華めんはゆでる。フライパンにココナッツオイル、ごま油を熱し炒める。
3　2に1のねぎ、かぼすを加え混ぜ、塩、こしょうで調味する。
4　器に盛り、パクチーを添える。

memo
湿度マックス、太陽もじりじりと照りつけるような真夏日に食べたい1品！ ココナッツの香りが効いた、南国チックな味わいです。

memo
酸味がよく合うラー油に種類の違う3種の酸味を合わせました。夏はキーンと冷やして食べるのがおすすめ。

白ワインと合わせたい
トマトとグレープフルーツのラー油マリネ

材料(2人分)
グレープフルーツ　1個
ミディトマト(なければプチトマト　4個)
　2個
ポン酢、市販の「食べるラー油」
　各大さじ1
黒こしょう　適量

作り方
1　グレープフルーツは果肉を取り出し、果汁はしぼる。トマトはくし切りにする。
2　ボウルに1の果汁とポン酢を入れ、混ぜ合わせる。
3　器に1のグレープフルーツの果肉とトマトを盛り、2をかけ、「食べるラー油」をのせる。こしょうをふる。

memo
クリーミーなおぼろ豆腐には、ポン酢よりもめんつゆが合います！ そこへかぼすを足すと、夏にすっきり食べられる小鉢的な1品に。

kabosu

クリーミーさと酸味の絶妙コラボ
かぼすおぼろ豆腐

材料(2人分)
おぼろ豆腐　200g
かぼす(スライス)　4枚
かぼす(果汁)　1個分
ナッツ(アーモンド、ピーナツ、くるみ)　合わせて20g
めんつゆ、ごま油　各大さじ1
塩、かぼすの皮のすりおろし　各適量

作り方
1　ナッツは粗みじん切りにする。
2　器におぼろ豆腐を入れ、かぼす果汁、めんつゆ、ごま油をかける。
3　2に1をのせ、塩をふる。かぼすのスライスを添え、かぼすの皮のすりおろしをちらす。

缶詰をレベルアップ
レモン・サーディン

材料(2人分)
オイルサーディン　100g
レモン(スライス)　2枚
トマト　1/2個
クレソン　1/3束
オリーブオイル　大さじ1
黒こしょう　適量

作り方
1　トマトは角切り、レモンスライスは4等分に切る。クレソンは手でちぎる。
2　皿にオイルサーディンを並べ、1をまんべんなくのせる。
3　オリーブオイルを回しかけ、こしょうをふる。

SUMMER

memo
レモンとクレソンを合わせることで、オイルサーディンがさっぱりこじゃれた味に。白ワインやスパークリングのお供に。

memo
バニラアイスって、苦みある柑橘とよく合うんです。そこへメープルシロップをたらり。コクが加わり、超絶うまい大人のデザートに。

amanatsu

夏の午後のおやつ
柑橘ゼリーポンチ

材料(2人分)
甘夏　1個
オレンジジュース　200ml
粉ゼラチン　4g
バニラアイス　150g
炭酸水　150ml
メープルシロップ　適量

作り方
1　甘夏は果肉を取り出し、粗みじん切りにする。
2　小鍋にオレンジジュースを入れて火にかける。沸騰直前で火を止め、ゼラチンを加え、溶かす。
3　2の粗熱が取れたら、1を加え、冷蔵庫で3時間ほど冷やし固める。
4　3をフォークで崩し、器に入れ、バニラアイスをのせ、炭酸を注ぐ。メープルシロップをかける。

レモンとカレーって好相性

豚肉のレモンバター焼き　カレー風味

材料(2人分)
豚薄切り肉　150g
玉ねぎ　1/2個
黒オリーブ　10個
バター　20g
レモン　1個
カレー粉　小さじ2
塩、黒こしょう　各適量

作り方
1　玉ねぎはくし切り、オリーブは輪切り、レモンは4枚輪切りにし、残りは果汁をしぼる。豚肉に塩、こしょうをふる。
2　フライパンにバターを熱し、溶けたら玉ねぎ、豚肉の順で炒める。レモン果汁を入れる。
3　オリーブ、レモンの輪切りを加え混ぜ、カレー粉をふる。塩・こしょうで調味する。

memo
カレーとレモンって合うんです。だから、普通のカレーにレモンを絞るのも好き。おいしいんですよー。

memo
しば漬けの塩気があるので、調味いらず。手間なしでできます。冷やして食べると汗がひきますよ。

素材のみで、調味なし！
グレープフルーツのしば漬けサラダ

材料(2人分)
ピンクグレープフルーツ　1個
しば漬け　50g
みょうが　2本

作り方
1　グレープフルーツは果肉を取り出す。みょうがは薄切りにする。
2　ボウルに1としば漬けを入れ、軽く混ぜ合わせる。

セロリのナムル

材料(2人分)
レモン　1/4個
セロリ　1/2本
鶏がらスープの素(顆粒)　小さじ1/2
ごま油　小さじ2
ごま(白)　小さじ1
塩　適量

作り方
1　レモンは細切りにする。セロリは筋を取り、斜め薄切りにする。
2　ボウルに**1**と残りの材料をすべて入れ、よく混ぜ合わせる。

大根のレモンはちみつ漬け

材料(2人分)
大根　3cm
レモン　1/4個
レモン汁　1/4個分
はちみつ　大さじ1
赤とうがらし　1/2本

作り方
1　レモンは細切り、大根は棒状に切る。赤とうがらしは種を取り、2〜3等分に切る。
2　ボウルに**1**と残りの材料をすべて入れ、よく混ぜ合わせる。

豆もやしのナムル

材料(2人分)
レモン　1/4個
豆もやし　100g
鶏がらスープの素(顆粒)　小さじ1/2
ごま(黒)　小さじ1
ごま油　小さじ2
塩　適量

作り方
1　レモンは細切りにする。豆もやしは湯通しする。
2　ボウルに**1**と残りの材料をすべて入れ、よく混ぜ合わせる。

前菜にも、呑みのアテにも
レモンを使った野菜の小鉢3種

SUMMER 23

セロリのナムル

大根のレモン
はちみつ漬け

豆もやしのナムル

memo
酢と違い、酸味をレモンに変えるとまろやかに仕上がるんですね。だからつい食べ過ぎちゃう（笑）。どれも保存容器いっぱいに作り、冷蔵庫に常備しています。

memo

グレープフルーツジュースに肉を漬け込むから、家庭用のディナーナイフでもしゅる

grapefruit

冷めてもおいしい

シュラスコもどき グレープフルーツソース添え

材料(2人分)
[シュラスコもどき]
- 豚かたまり肉　500g
- 玉ねぎ　3/4個
- 塩、黒こしょう　各適量

A
- にんにくのすりおろし(市販)　小さじ2
- グレープフルーツジュース　100ml
- 白ワイン　20ml

[ソース]
- グレープフルーツ、トマト　各1/2個
- 玉ねぎ　1/4個
- ピクルス　2本
- オリーブオイル、塩、黒こしょう　各適量

作り方
1　シュラスコもどきを作る。玉ねぎは薄切りにする。豚肉に、塩、こしょうをふる。
2　ポリ袋などに、1とAを入れてよくもみこみ、冷蔵庫でひと晩置く。
3　200度に温めたオーブンで、30〜40分焼く。オーブンから取り出し、アルミホイルをかけて15分ほど休ませる。シュラスコもどき完成。
4　グレープフルーツソースを作る。グレープフルーツは果肉を取り出し、食べやすい大きさに切る。玉ねぎ、ピクルスはみじん切りにする。トマトは角切りにする。
5　ボウルに4と残りの[ソース]の調味料を入れ、よく混ぜ合わせる。
6　薄切りにした3に5をかけていただく。

あれこれ柑橘

すっぱいハイビスカスティーもレモンが入ると飲みやすく。夏の常備品。

日本果実工業の缶入り夏みかんマーマレード。

市販の果実たっぷりゼリー。たまに食べたくなります。なつかしいグラスに盛り付ける。

アイシングがたまらない、レモンのパウンドケーキ。

いか天レモンは、手軽なお酒のおつまみ。

1度食べだすと止まらない、井崎商店の柚子ポンあられ。ほうじ茶のお供に。

パスタや炒め物のアクセントに便利。柚子こしょうとレモスコ。

朝、使いたくなるレモン色のお皿とマグカップ。

"まじめなおかし"のゆず塩味ビスケット。

100円ショップで見つけたレモンの小さなチョコレート。すっきりさわやかな味。

いつも常備している柑橘チューハイ。ドライな味わいが好き。

エリザベス女王も食べた？ フランククーパーのマーマレード。

リモンチェッロの仲間たち

リモンチェッロは、イタリア生まれのレモンリキュール。
ロックで飲んだりソーダ割りにしたり……
甘いから、デザート代わりに食後酒としておすすめです。
本場では家庭でも作られるほど、身近なリキュール。
"素材"さえ変えれば、さまざまな味の"柑橘チェッロ"が生まれます。
せっかく"柑橘王国・日本"にいるのであれば、
ほかの柑橘も使ってそれぞれのおいしさを楽しんじゃいませんか。

柑橘チェッロ

各材料（作りやすい分量）
* リモンチェッロ
 レモン　3個
 ウォッカ、水　各250ml
 グラニュー糖　200g

* ライムチェッロ
 ライム　3個
 ウォッカ、水　各250ml
 グラニュー糖　200g

* みかんチェッロ
 みかん　4個
 ウォッカ、水　各250ml
 グラニュー糖　200g

作り方　※どの柑橘も作り方は同じです。
1　柑橘は、流水で皮の表面をよく洗う。
2　皮をピーラーなどで薄くむく。
3　ふたが閉まる容器に2を入れ、ウォッカを注ぎ、3日間寝かせる。
4　シロップを作る。小鍋に水とグラニュー糖を入れ、火にかけ、砂糖が溶けたら火を止める。粗熱が取れたら保存びんなどに入れておく。
5　3日後、3をミキサーで撹拌し、4を加え混ぜる。

Autumn

10月くらいになると
日が沈む時間も早くなり、
肌寒さを感じる日が1日、1日と増えてきます。
秋はレモンやライムといった
弾けるようなさわやかな柑橘ではなく、
みかんやオレンジをしっとり楽しみたくなるもの。
温かいジャスミンティーやお鍋に加えます。

ごはんと柑橘、相性抜群！
柑橘パエリア

材料(2～3人分)
オレンジ、グレープフルーツ　各1個
オイルサーディン　100g
トマト　1/2個
玉ねぎ　1/8個
にんにく　1片
黒オリーブ　5個
米　1カップ
水　200ml
ターメリック、コンソメ(顆粒)　各小さじ1
イタリアンパセリ、塩、
　黒こしょう、オリーブオイル　各適量

作り方
1　オレンジは輪切り、グレープフルーツは皮をむき、輪切りにする。トマトは角切り、玉ねぎとにんにく、イタリアンパセリは粗みじん切りにする。黒オリーブは輪切りにする。
2　フライパンに油を熱し、玉ねぎ、にんにくを炒め、しんなりしたら米を加え軽く炒める。
3　水、ターメリック、コンソメ、塩・こしょうを加え、よく混ぜ合わせる。
4　オレンジ、グレープフルーツ、オイルサーディン、黒オリーブをのせ、沸騰したらふたをし、弱火で約20分煮込む。
5　イタリアンパセリを散らし、オリーブオイルをかける。

memo
華やかで"人目を惹く料理"なので、そのままどーん！とテーブルに出したいところ。食卓にそのまま出せる「ターク」の"見せグリルパン"で作るのがおすすめ。

スパイス効かせて
まるごとみかんのコンポート

材料(2人分)
みかん　2個
A　白ワイン、水　各100ml
　　砂糖　大さじ2
　　レモン汁　小さじ2
　　シナモン　1本
　　タイム　4枝

作り方
1　みかんは皮をむく。白い筋もできるだけ取る。シナモンは半分に折る。
2　鍋に1とAを入れ、火にかける。約10分煮込んだら、火を止める。
3　粗熱が取れたら器に盛り付ける。

memo
柑橘の中でもいちばん甘みの強いみかん。白ワインで煮るとさらに甘みが引き出されて美味に（ほかの柑橘だと苦くなっちゃう）。

memo
レモンマーマレードとみそが隠し味。ゆず味噌があるくらいだから、柑橘とみそって好相性。料理に程よいコクと香りを与えてくれます。仕上がりは、ハニージンジャー焼きみたいな味。ごはんのお供にも◎。

もりもり食べられる！
豚肉のレモンしょうが焼き

材料(2人分)
豚肉(しょうが焼き用)　6枚
レモン　1/4個
しょうが　1かけ
A　レモンマーマレード、みそ、
　　しょうゆ、酒　各大さじ1
クミンシード　小さじ1/2
レタス　1/4個
サラダ油　適量

作り方
1　しょうがはすりおろす。レタスは食べやすい大きさに手でちぎる。
2　Aとしょうがを混ぜ合わせる。
3　フライパンに油を熱し、豚肉を両面焼く。肉に焼き色がついたら2を加え、とろみがつくまで煮込む。
4　レモンを絞り入れ、クミンシードを加える。
5　器に4を盛り、レタスを添える。

memo
ポテチとコンビーフの塩気に、あえてのみかん！一見、不思議なこの組み合わせが、実は食べだすと止まらなくなる〜！

クセになる味
コンビーフみかんディップ

材料(2人分)
みかん　1個
コンビーフ　50g
カッテージチーズ　50g
ポテトチップス　1/2袋
黒こしょう　適量

作り方
1　みかんは実を取り出し、粗みじん切りにする。
2　ボウルに1、コンビーフ、カッテージチーズを入れて、ざっくりと混ぜ合わせ、こしょうをふる。
3　器に盛り付け、ポテトチップスを添える。

リラックスブレンド

はちみつ柑橘ジャスミンティー

材料(2人分)
オレンジ、レモン　各1個
ジャスミンティー　300ml
レモングラス　2本
しょうが(スライス)　4枚
はちみつ　大さじ2

作り方
1　オレンジとレモンは皮をむき輪切りにする。レモングラスは2～3等分する。
2　小鍋にジャスミンティー、レモングラス、しょうが、はちみつを入れ、ひと煮立ちさせる。
3　器へオレンジ、レモンを入れ2を注ぐ。

AUTUMN

memo
紅茶と違い、ジャスミンティーは渋みが少ないので、柑橘を入れても飲みやすいのがポイント。香りも高くなります。秋の夜長のお供に。

orange lemon

grapefruit

温かい大人のデザート
グレープフルーツの
スパイス焼き

材料(4個分)
グレープフルーツ　2個
グラニュー糖　大さじ2
生クリーム(泡立てたもの)　100ml分
クミンパウダー、シナモンパウダー、黒こしょう
　各小さじ1/4

作り方
1　グレープフルーツは2等分し、表面にグラニュー糖をふり、トースターで6～7分焼く。
2　生クリームにクミンパウダー、シナモンパウダー、こしょうを混ぜ合わせる。
3　1の上に2をのせる。

memo

苦みのあるグレープフルーツはスパイスとも相性よし！ だから合わせる生クリームには、クミン・シナモン・黒こしょう、大人女子が好きな３大スパイスをしっかり効かせました。

memo
言いにくい料理名ですよね（笑）。地中海ではメジャーな家庭料理の1つだとか。さわやかで軽い口当たりで食べやすく、私は食欲がないときや風邪のとき、"卵がゆ"代わりに食べています。

簡単に言うと "レモンおじや"

アヴゴレモノ

材料(2人分)
米　1/4 カップ
卵　2個
レモン汁　大さじ2
レモン（スライス）　4枚
パセリ（みじん切り）、塩、オリーブオイル
　　各適量
水　600ml
コンソメ（顆粒）　小さじ1
黒こしょう　適宜

作り方
1　鍋に水、コンソメ、米を入れて火にかける。米に火が通るまで弱火で煮る。
2　ボウルに卵とレモン汁を入れ、よく混ぜ合わせる。
3　2に1を少しずつ加え、なじませる。塩で調味する。
4　器に盛り付け、レモンスライスを浮かべ、パセリを散らし、オリーブオイルをかける。あれば黒こしょうをふる。

山口県の県民フード

みかん鍋

材料(4人分)
みかん　2個
魚介つみれ、肉だんご、里いも(水煮)
　　各8個
こんにゃく　100g
せり　1束
昆布　5㎝
水　800ml
しょうゆ　40ml
みりん　30ml

作り方
1　みかんは皮つきのまま2等分する。こんにゃくは手で食べやすい大きさにちぎる。
2　鍋に水、昆布、しょうゆ、みりんを入れ、ひと煮立ちさせる。
3　みかん、つみれ、肉だんご、里いも、こんにゃくを入れる。肉だんごに火が通ったら、せりを加える。
4　みかんをしぼりながらいただく。

memo
山口県は夫の故郷。魚と柑橘が有名で、その2つが合わさったお鍋なんですが、まずは見た目の衝撃にみんな爆笑！　でも、みかんがつみれのくさみを消してくれる、質実剛健な鍋なんですよ〜。

mikan

トースターでできるおやつ
みかんとバナナのクランブル

材料(2人分)
みかん 3個
バナナ 1本
薄力粉 20g
バター、砂糖 各10g

作り方
1 みかんは皮をむき、半月切りに、バナナは輪切りにする。バターは角切りにする。
2 ボウルにバター、薄力粉、砂糖を入れ、指でバターをつぶしながら全体を混ぜ合わせる。そぼろ状になるまで繰り返す。
3 耐熱皿にみかんとバナナを並べ2をちらし、トースターで約7分焼く。

mikan

memo

クランブルと言ったら、りんごのイメージが強いかもしれませんが、これは甘みの強いフルーツを2つかけ合わせたバージョン。バナナにコクがあるので、りんごのクランブルのように、バターで炒める手間いらず。

AUTUMN

柑橘を使った万能調味料

ポン酢

つけだれとしてはもちろん、炊き込みごはんや煮物の味つけにも使えるポン酢。しょうゆに柑橘の香りがプラスされた、日本が誇るべき香り高き調味料です。2種の柑橘を混ぜることで、酸味と香りに深みを出しました。手作りすればよりフレッシュなおいしさが楽しめるので、時間があるときは、ぜひ。

材料(作りやすい分量)
すだち(果汁)　4個分
ライム(果汁)　1個分
しょうゆ　200ml
みりん　20ml

作り方
1　すべての材料を混ぜ合わせる。
※冷蔵庫に入れておけば4カ月はもちます。

オレンジ風味のハニーナッツ

おしゃれなカフェなどで売られているハニーナッツも、簡単に作れます。自分で作れば、こんなふうにオレンジの風味をつけることもできますよ。クリームチーズをたっぷり塗ったベーグルと一緒に、グラノーラやアイスクリームのトッピングとして、ミルクティーに入れてもおいしいです。

材料（作りやすい分量）
オレンジ　1/2個
ミックスナッツ　70g
はちみつ　適量

作り方
1　オレンジは果肉を取り出し、ひと口大に切る。
2　フライパンにナッツを入れ、乾煎りする。
3　瓶に1と2を入れ、ひたひたになるまではちみつを注ぐ。
※常温の場合は1週間を目安に食べきって。
※梅雨や夏期は、冷蔵庫で保存を。

47

塩柑橘を作ろう！

流行りに流行った"塩レモン"。
こちらも「リモンチェッロ」（28〜29ページ）と同じく、
ほかの柑橘で作っても違うおいしさを楽しめます。
ここでは、塩レモンのほか、塩すだち、塩みかんの
作り方・使い方を紹介します。

基本の塩柑橘

各材料（作りやすい分量）
* 塩レモン
  レモン　3個
  塩　400g

* 塩すだち
  すだち　5個
  塩　100g

* 塩みかん
  みかん　4個
  塩　400g

作り方　※どの柑橘も作り方は同じです。
1　柑橘はよく洗い、分量のうち1/3を粗切りに、残りを輪切りにする。
2　器の底が隠れるくらい塩を敷き1をのせ、また塩を入れるを繰り返す。ただし最後は塩で終わるようにする。
3　ふたをして、冷暗所で1週間保存する。
4　表面に水分が上がってきたら出来あがり。
※水分を出やすくするために、粗切りにした柑橘を使っていますが、これは料理には使わない"だし的存在"です。料理に使うのは、輪切り・塩・エッセンス（出た水分のこと）です。

それぞれの用途
輪切り：みじん切りにして使用。香りと歯ごたえを楽しむ。
塩：各柑橘の風味がついた塩なので、調味料プラス香りづけの効果がある。炒め物やスープのアクセントに。
エッセンス：塩よりも味も香りもマイルドなので、炒め物にも使えるが、和え物やマリネにも使える。

塩レモン

レモン特有のさわやかさとほのかな苦みがあるので、皮を使えば、
肉も魚も野菜料理も、ぐっと味が引き締まります。
また塩レモンのエッセンスは、まろやかなお酢のような役割。
和え物やスープのだしとして使うとすっきりとしたおいしさに。

じゃがバターの塩レモン風味

材料(2人分)
じゃがいも(小) 6個
バター 20g
かつお節 2g
塩レモン(スライス) 2枚

作り方
1 塩レモンは粗みじん切りにする。じゃがいもは皮つきのまま蒸す。
2 1のじゃがいもに切り込みを入れ、1の塩レモン、バター、かつお節をのせる。

塩レモンにゅうめん

材料(2人分)
そうめん 2束(100g)
煮卵 1個
チャーシュー(市販) 4枚
小ねぎ 適量
焼きのり 1/2枚
水 600ml
鶏がらスープの素(顆粒)、塩レモン(塩)
　各小さじ1
塩レモン(スライス) 2枚

作り方
1 小ねぎは小口切りにする。のりは4等分、煮卵は2等分にする。塩レモンのスライスは粗みじん切りにする。
2 そうめんをゆでる。
3 鍋に水、鶏がらスープの素、1の塩レモンのスライスと塩を入れ、ひと煮立ちさせる。
4 器に2を入れ3を注ぎ、小ねぎ、のり、煮卵、チャーシューを盛り付ける。

塩すだち

すだちは皮が薄く、果汁が多いので、エッセンスが多めに取れます。
肉や魚よりも野菜料理によく合います。
またデザートにアクセントとして使うと、垢抜けた味に。

焼きナスささみ

材料(2人分)
なす2本　鶏ささみ肉1本　塩すだち(エッセンス)小さじ1　塩すだち(スライス)2枚

作り方
1　塩すだちのスライスは粗切りにする。
2　なすは表面数か所に竹ぐしなどで穴を開け、魚焼きグリルで表面を焼き、皮をむく。4等分に切る。
3　ささみ肉はゆで、手でさく。
4　ボウルに1、2、3と塩すだちのエッセンスを入れ、軽く混ぜ合わせる。

チーズケーキの
塩すだちトッピング

材料(2人分)
チーズケーキ2ピース　グラノーラ2カップ　バニラアイス200g　塩すだち(スライス)6枚

作り方
1　塩すだちのスライスは2等分する。
2　器にチーズケーキを盛り、グラノーラとバニラアイス、1を添える。混ぜながらいただく。

塩みかん

みかんも皮が薄く、果汁が多い柑橘なため、出来上がりはたっぷりと
エッセンスがとれます。甘みがいちばん強く、
マイルドな塩の出来上がり。でも、しっかり料理に合うんです。

塩みかんチャーハン

材料(2人分)
米1合　大麦大さじ2　卵1個　レタス1/4個　桜えび大さじ3　サラダ油適量　塩みかん（エッセンス）小さじ2　塩みかん（スライス）2枚

作り方
1　米、大麦を合わせ、炊飯器で炊く。塩みかんのスライスは粗みじん切りにする。レタスは手でちぎる。
2　フライパンに油を熱し、卵を割り入れ、炒り卵を作る。1のごはん、塩みかん、桜えびを加え、炒める。
3　全体が混ざったら、塩みかんのエッセンスを加えてさらに炒める。レタスを加え、ざっくりと混ぜ合わせる。

塩みかんチキン

材料(2人分)
鶏もも肉1枚　塩みかん（エッセンス）小さじ1　塩みかん（スライス）2枚　トマト1/2個　バジル、オリーブオイル各適量

作り方
1　鶏肉はひと口大に切る。塩みかんのスライスはみじん切りにする。トマトはくし切りにする。
2　バットなどに鶏肉を入れ、1の塩みかんのスライスとエッセンスをもみ込み、約20分おく。
3　フライパンにオリーブオイルを熱し、2を焼き、器に盛り付ける。トマト、バジルを添える。

Winter

柑橘の季節本番。
八百屋さんには大小さまざまな柑橘が並び、
町を歩けば誰かの家の木に
たわわに実る柑橘を見ることができます。
市販の"オレンジチョコレート"が食べたくなるのも、
やっぱり冬。
そして日本の冬の空気には、
ゆずやきんかんがよく似合います。

memo
わさびじょうゆで食べる、アボカドの刺身をディップにして、旬のゆずをアクセントに効かせた1品。このディップ、まぐろの刺身に合わせても絶対においしい（キリッ！）。

酒飲みにはたまらんメニュー
カマンベールのゆずアボカドディップ

材料(2〜3人分)
カマンベールチーズ　1個
ゆず(果汁)　小さじ2
アボカド　1/2個
ゆずの皮、わさびじょうゆ　各適量

作り方
1　アボカドは粗切りに、ゆずはピーラーなどで皮をむき、細かく刻む。
2　ボウルに1とゆず果汁を入れて混ぜ合わせる。
3　カマンベールチーズの上に2をのせ、わさびじょうゆを添える。
4　食べるときに切り分け、わさびじょうゆをつけていただく。

昭和のおやつをアップデート
冷凍みかんのはちみつがけ

材料(2人分)
みかん　2個
ピスタチオ　8粒
シナモンパウダー　適量
はちみつ　大さじ1

作り方
1　みかんは冷凍し、凍ったら取り出し、皮がむけるようになるまで常温に置く。
2　皮をむき、実を食べやすい大きさに切る。ピスタチオは殻と薄皮を取りのぞき、半分にする。
3　器にみかんをのせ、ピスタチオ、シナモンパウダーを散らし、はちみつをかける。

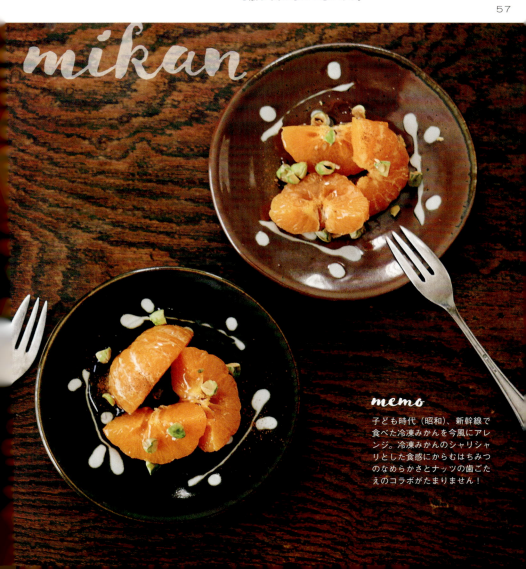

memo
子ども時代（昭和）、新幹線で食べた冷凍みかんを今風にアレンジ。冷凍みかんのシャリシャリとした食感にからむはちみつのなめらかさとナッツの歯ごたえのコラボがたまりません！

sudachi

ごはんのくせに赤ワインに合う！
アンチョビの炊き込みごはん

材料(2人分)
すだち　2個
オリーブ(黒・グリーン)　各6個
アンチョビ　4切れ
米　1合
コンソメ(顆粒)　小さじ1

作り方
1　すだちは半月切りにする。アンチョビは粗みじん切りにする。
2　炊飯器の中に米と分量の水を入れ、すだち以外の材料をすべて加え、炊く。
3　2にすだちを散らし、ふたをして約5分蒸らす。

memo

かますの炊き込みごはんなどは、1回魚を焼かないといけないので、面倒……アンチョビならそのまま使えて手間なし。ごはんものですが、コクがあるので、ワインや洋食によく合います。

しょうゆとオレンジ、絶妙コラボ
スペアリブの
オレンジ煮込み

材料(2人分)
スペアリブ　4本
セロリ　1本
オレンジ　1個
しょうが(スライス)　4枚
しょうゆ　大さじ2
みりん、酒　各大さじ1
塩、黒こしょう、サラダ油　各適量

作り方
1　セロリは大ぶりに切り、オレンジは半月切りにする。
2　スペアリブに塩・こしょうをする。鍋に油を熱し、両面に焼き色をつける。
3　鍋にオレンジ以外の材料をすべて入れ、中火に約20分かける。
4　オレンジを加え、軽く煮込み、こしょうをふる。

memo
オレンジと一緒に煮込むことで、肉がほろりと骨からはずれるやわらかさになるし、脂っぽい部位も香りが移って食べやすく。

オレンジジュースで作る
無限そぼろ丼

材料(2人分)
合いびき肉　150g
A　オレンジジュース　60ml
　　しょうが(千切り)　3枚分
　　しょうゆ　大さじ1
ごはん　2膳
リーフレタス　2枚
ルッコラ　1/3束
サラダ油　適量

作り方
1　ポリ袋などに合いびき肉を入れ、Aを加えてよくまぶし、1時間以上おく。リーフレタスは手でちぎる。ルッコラは食べやすい長さに切る。
2　フライパンに油を熱し、1の合いびき肉を炒める。
3　丼にごはんを盛り、リーフレタス、ルッコラをちらし、2をのせる。

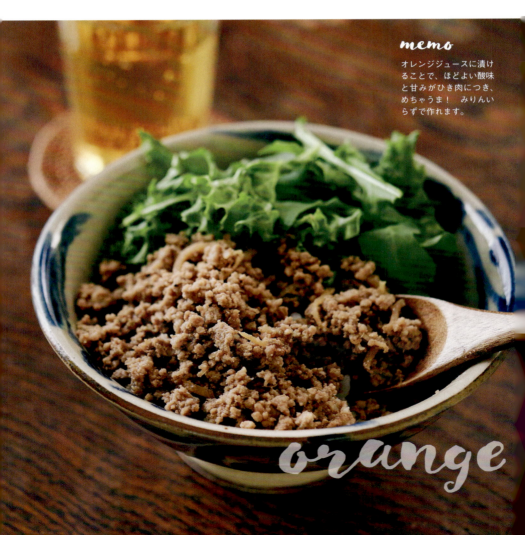

memo
オレンジジュースに漬けることで、ほどよい酸味と甘みがひき肉につき、めちゃうま！　みりんいらずで作れます。

orange

memo
あとからゆずやすだちをしぼるのではなく、具材と一緒に入れて煮込むことで、鍋全体に柑橘の香りが移り、高貴な味に♪

湯気と一緒に香りが広がる
冬柑橘のかき鍋

材料(2人分)
ゆず　1/2個
かぼす　2個
豆腐(木綿)　100g
かき　4〜6個
長ねぎ　1/3本
大根　3cm
だし汁(昆布)　600ml
[たれ]
　　しょうゆ　大さじ4
　　ゆず(果汁)　1/2個分

作り方
1　たれを作る。グラスなどにたれの材料を入れ、よく混ぜる。
2　ゆず1/2個とかぼすは輪切りにし、豆腐はひと口大に切る。長ねぎは斜め薄切りにする。大根はおろす。
3　鍋にだし汁を入れて火にかける。沸騰したら2とかきを入れる。かきに火が通ったら、火を止める。
4　1をかけながらいただく。

orange

ホットケーキミックスで簡単に
オレンジシナモンロール

材料(6個分)
ホットケーキミックス　300g
卵　2個
牛乳　40ml
グラニュー糖　大さじ2
シナモンパウダー　小さじ2
オレンジ　1/2個
溶き卵　適量

作り方
1　オレンジは果肉を取り出し、粗みじん切りにする。
2　ホットケーキミックスに卵を加えて混ぜ合わせ、なじんだら牛乳を加え、ひとまとまりにする。
3　めん棒で2を長方形に延ばし、グラニュー糖、シナモンパウダー、オレンジを全体にふる。
4　3をロール状に巻き、6等分に切る。
5　天板にオーブンシートを敷き、4を並べ、溶き卵を塗り、180度に温めたオーブンで15分〜20分焼く。

memo

ホットケーキミックスを使えば、面倒な粉もの料理も計量の必要なし!「パンにするの面倒〜!」という人は、シナモンとオレンジの果肉を入れた"大人ホットケーキ"にしちゃうのもおすすめ。

orange

memo
好き嫌いが分かれる甘酒ですが、オレンジを入れることでぐんと飲みやすく。事実、甘酒嫌いの編集さんが甘酒と気付かず、ぐいぐい飲んでいました（笑）。

びっくりするほど飲みやすい
甘酒オレンジスムージー

材料（2人分）
甘酒　400ml
オレンジ　1個
ドライフルーツミックス　小さじ1
ピスタチオ　4粒
チョコレート　適量

作り方
1　オレンジは皮をむきひと口大に切る。ピスタチオは殻と薄皮を取りのぞき、半分にする。チョコレートは削る。
2　ミキサーに甘酒と1のオレンジを入れて攪拌する。
3　グラスに注ぎ、ドライフルーツ、ピスタチオ、チョコレートをのせる。

フライパンでできる

きんかんモッツァレラ

材料(2人分)
きんかん　5個
モッツァレラチーズ　50g
クミンシード　小さじ1/2
ベーコン　50g
クレソン　1/4束

作り方
1　きんかんは半分に切る。チーズは手で食べやすい大きさにさく。ベーコンは薄切りにする。
2　フライパンにきんかんを並べ、クミンシードをふる。チーズをのせ、ふたをして弱火にかける。チーズが溶けたら火を止める。
3　2を器に盛る。2の空いたフライパンでベーコンを焼く。
4　ベーコンを散らし、クレソンを添える。

memo
やわらかな苦みと甘みをあわせ持つきんかんに、チーズのコクとベーコンの塩気がぴったり。調味料も使わず、スパイスだけのシンプルな料理だけに合わせワザが光る一品。

マリネして焼くから、肉しっとり
チキンのゆず胡椒グリル

材料(2人分)
鶏むね肉　1枚
れんこん　長さ4cm
長いも　長さ5cm
カリフラワー　1/4個
A　ゆず胡椒　小さじ1/2
　　酢　大さじ2
　　かつおだし(顆粒)　小さじ2
　　砂糖　大さじ1
オリーブオイル　適量

作り方
1　鶏肉はそぎ切りにし、れんこん、長いもは食べやすい大きさに切る。カリフラワーはひと口大の小房に分ける。
2　ポリ袋などに1を入れ、Aを加えてよくまぶし、1時間以上おく。
3　フライパンにオリーブオイルを熱し、2を焼く。

memo
かなり薄めの味つけですが、ゆず胡椒を入れることで、しっかりパンチが効いた味に。火を入れるとパサつきがちな鶏肉も、マリネしてから焼くとしっとりとした焼き上がりに。

memo

厄介なソース作りはなし！オレンジとゴルゴンゾーラをソース代わりに。どれもがやわらかい食感なので、口の中でとろけながら混ざり合うおいしさを味わって。

一緒に口に運んで
蒸し鶏のオレンジゴルゴンゾーラのっけ

材料(2人分)
鶏むね肉　1枚
オレンジ　1個
ゴルゴンゾーラチーズ　40g
塩、こしょう、オリーブオイル　各適量

作り方
1　オレンジは果肉を取り出し、粗切りにする。チーズも粗切りにする。鶏肉は塩・こしょうをする。
2　フライパンにオリーブオイルを熱し、鶏肉の皮目から焼く。焼き色がついたら返し、ふたをして蒸し焼きにする。
3　器に盛り、切り分ける。1のオレンジとチーズをのせる。あれば黒こしょう(分量外)をふる。

orange

マーマレードバターソースがうまい！
ローストビーフと
オレンジのサラダ

材料(2人分)
市販のローストビーフ　100g
オレンジ　1個
ブリーチーズ　50g
マーマレード　大さじ1
バター　15g
しょうゆ　小さじ1

作り方
1　オレンジは果肉を取り出す。チーズは薄切りにする。
2　フライパンにバター、マーマレードを入れて熱し、バターが溶けたらしょうゆを加え、よく混ぜる。
3　器にローストビーフ、オレンジ、チーズを盛り、2をかける。

memo

見た目華やか&赤ワインにぴったりな料理なので、年末のホームパーティシーズンに大活躍してくれるレシピです。

memo
すし酢だけでは甘いので、オレンジを入れることで味を引き締め。サーモンも入れて、華やかさとボリュームを出しました。お正月の食卓にどうぞ。

orange

すし酢で簡単♪
紅白オレンジなます

材料(2人分)
にんじん　1/3本
大根　1/8本
オレンジ　1個
スモークサーモン　100g
すし酢　大さじ2

作り方
1　にんじん、大根はピーラーでリボン状に削る。オレンジは果肉を取り出す。
2　ボウルに1、スモークサーモンを入れ、すし酢を加え、よく混ぜ合わせる。

ライム果汁入り
柑橘にしんそば

材料(2人分)
ゆでそば　2袋(300g)
ライム　1/2個
ブロッコリーのスプラウト　1/4パック
みょうが　1本
にしんの甘露煮　2尾
昆布茶　小さじ2
水　600ml

作り方
1　ライムは4枚薄切りにし、残りは果汁をしぼる。みょうがは縦薄切り、スプラウトは根を切り落とす。そばは湯でゆがく。
2　鍋に水、昆布茶を入れて、火にかける。沸騰したら、1の果汁を加える。
3　器にそばを入れにしんをのせ、2を注ぐ。みょうが、スプラウト、ライムスライスをのせる。

memo
濃いそばつゆではなく、昆布茶とライムの変わりそばつゆを使って。魚のくさみも気にならなくなり、後味清涼！　この"ライムそばつゆ"でにゅうめんを作ってもサイコーです。

この本に出てくる柑橘と基本の取り扱い方

1 レモン
果汁が多く、しっかりとした酸味をもつ。野菜の色止めや肉や魚の臭みとりにも。

2 ライム
レモンよりもやわらかな酸味があり、苦みもある。エスニック料理やカクテルに。

3 グレープフルーツ
ほろ苦さが特徴で、サラダなどに用いやすい。ピンクとホワイトがあり、色も楽しめる。

4 オレンジ
甘み酸味のバランスが良く、味が濃い。ジュースやサラダ、メインなど活躍幅大の柑橘。

5 ゆず
果肉はあまりないが、心地よい香りが楽しめる。果汁を少し入れるだけで風味豊かに。

6 きんかん
そのまま食べられるが、火を入れると酸味がまろやかに。甘みと苦み、両方を楽しめる。

7 かぼす
まろやかな酸味を持ち、果汁は鍋やお吸い物などに、皮は風味付けに使える。

8 すだち
さっぱりとした酸味で薄切りにして食べることが多い。皮はするとさわやかな香りを放つ。

9 みかん
甘みが強く、薄皮ごと使えるので調理しやすい。デザートはもちろん、料理の隠し味にも。

10 夏みかん
酸味が少なく、さっぱりとした甘さと苦みもある。みずみずしくデザートやサラダに合う。

洗い方

無農薬の柑橘じゃない限り、皮まで使うときは、粗塩でもみ洗いして、ワックスを落とします。最後は流水で流して。粗塩がない場合は、普通のお塩でもいいですし、たわしでこすり洗いしてもいいですよ。

むき方 1

1 　柑橘の天地を切り落とす。
2 　りんごをむくように皮をむく。
※柑橘を切るときは、小ぶりなペティナイフやフルーツナイフがやはり便利です。

むき方 2

1 柑橘の天地を切り落とす。
2 柑橘を立て、実に沿って包丁を入れ、皮をそぎ切る。

果実の取り出し方

1 果実と果実の間の白い筋に包丁を入れる。
2 もう一方の白い筋にも包丁を入れ、つき当たりまで刃がきたら果実が外に出るように包丁をずらす。
3 すべての果実を取り出したら、最後、果汁をしぼる。

果汁のしぼり方

果実を取り出さず、果汁だけを使うときのしぼり方です。
1　半分に切った柑橘の表面に、フォークを数箇所刺すか、包丁で十字に切り込みを入れる。
2　しぼる。

皮のすりおろし方

本格的に柑橘料理を楽しむのであれば、フードグレーター(写真のすりおろし道具)は欠かせません。これさえあれば簡単に皮をすりおろせます。安いものは1000円以下からあります。

Spring

厳しい寒さが薄れてくる3月ごろ。
セーターを着ない日も増えてきて……
そうすると、
オレンジやグレープフルーツ、ライムにレモンを
またさわやかに華やかに使った
ごはんを作りたくなります。
体も舌も季節に敏感。
あぁ、季節が春に変わってきているんだなぁと思います。

memo
市販のレモンジャムを使って簡単に。もともとジャムにとろみがあるので、片栗粉を入れずともトロリとした仕上がりのソースになります。

甘じょっぱさがたまらない
唐揚げマーマレードソースがけ

材料（2人分）
市販の唐揚げ　6個
A　レモンジャム　大さじ2
　　しょうゆ　小さじ2
　　バター　20g

作り方
1　フライパンにAを入れ、火にかける。バターが溶けたら火を止める。
2　器に唐揚げを盛り、1をかける。

花見の時季に食べたい！
ライムと昆布の〆アジ

材料(2人分)
アジ　1尾
ライム　1個
とろろ昆布　8g

作り方
1　アジは3枚におろし、薄皮を取る。ライムは輪切りにする。
2　広げたラップに半量のとろろ昆布とライムを敷き、アジをのせる。その上に残りのとろろ昆布とライムを散らし、包む。
3　冷蔵庫で2〜3時間冷やす。
4　食べやすい大きさに切り、皿に盛り付ける。

memo
おろすのが面倒な人はアジの刺身を使って。100倍手間が省けます！　とろろ昆布を使っているので、よける必要がなく、そのまま食べられるのもらくちん。

lime

memo

柑橘とヨーグルトを入れることで、バニラアイスクリームの甘さをすっきりとさせました。よく混ぜ混ぜして食べてください。

natsu orange

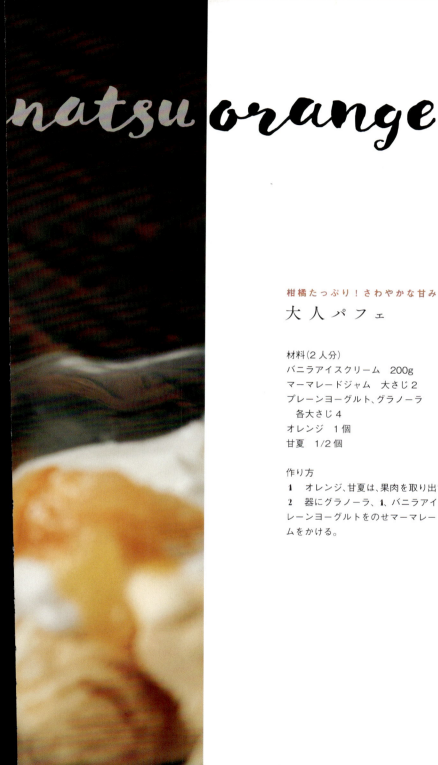

柑橘たっぷり！さわやかな甘み

大人パフェ

材料(2人分)
バニラアイスクリーム　200g
マーマレードジャム　大さじ2
プレーンヨーグルト、グラノーラ
　各大さじ4
オレンジ　1個
甘夏　1/2個

作り方
1　オレンジ、甘夏は、果肉を取り出す。
2　器にグラノーラ、1、バニラアイス、プレーンヨーグルトをのせマーマレードジャムをかける。

シンプルに食べる！
メカジキのレモンバターソテー

材料(2人分)
メカジキ　2切れ
スライスアーモンド　15g
レモン　1/2個
バター　20g
イタリアンパセリ　1/2パック
塩、黒こしょう、オリーブオイル　各適量

作り方
1　レモンは果汁をしぼったあと、皮を乱切りにする。
2　メカジキに塩・こしょうを振る。フライパンにオリーブオイルを熱し、両面焼く。
3　2にスライスアーモンド、バター、1のレモン果汁と皮を加え、軽く炒める。塩、こしょうで調味する。
4　器に盛り、イタリアンパセリを添える。

memo
レモンにイタリアンパセリが口の中で合わさって、実にさわやかな食べ心地。春のあたたかな日に白ワインやシャンパン、ロゼと一緒に食べたい1品。

memo
こちらも山口県の郷土料理。おそばって炒めると、ものすごいもっちりとして食べ応え抜群。仕上げにレモンとポン酢をかけることで、食べやすく。

もっちり食感
瓦そば

材料(2人分)
茶そば　150g
ごま油　大さじ1
ひき肉　120g
しょうがスライス　3枚
卵　1個
砂糖　小さじ1
サラダ油　適量
小ねぎ　1/4束
レモン(スライス)　4枚
めんつゆ、ポン酢　各大さじ2

作り方
1　小ねぎは小口切り、しょうがは粗みじん切り、レモンは半月切りにする。
2　ボウルに卵を割り入れ、砂糖を加え混ぜる。フライパンにサラダ油を熱し、溶き卵を流し入れ、薄焼き卵を作る。粗熱が取れたら細切りにする。
3　茶そばを茹でる。
4　フライパンにごま油を熱し、ひき肉、しょうがの順で炒め、肉に火が通ったら、2、3、めんつゆを加え、よく混ぜながら炒める。
5　器に盛り付け、レモンをのせ、ポン酢をかける。

揚げ物にぴったり
ライムタルタルソース

材料(2人分)
ピクルス　2本
ライム　1/2個
ゆで卵　1個
玉ねぎ　1/8個
A　マヨネーズ　大さじ3
│　塩、こしょう、オリーブオイル　各適量
市販の揚げ物　適量

作り方
1　ピクルス、ライム、玉ねぎは粗みじん切りにする。ゆで卵はつぶす。
2　ボウルに1とAを入れて混ぜ合わせる。
3　揚げ物につけていただく。

memo

タルタルソースのレシピに、ライムを皮ごと入れただけなのに、このうまさ！ そしてさわやかさ！ メンチカツやとんかつ、イカフライにあじフライ、えびフライなどの海鮮を使った揚げ物に合います。ちなみにコロッケには合いません。

SPRING

87

lime

memo
アボカドのみそマヨ和えに、オレンジを入れただけなんですが、これがクリーミーさとフレッシュさの共演で、実にうまい！ 花見酒のお供にもぴったりです。

オレンジがアクセント

アボカドのみそマヨ和え

材料(2人分)
アボカド　1/2個
オレンジ　1個
スプラウト　1/2パック
マヨネーズ　大さじ2
しょうゆ、みそ　各小さじ1

作り方
1　アボカドは角切りに、オレンジは果肉を取り出し、食べやすい大きさに切る。スプラウトは根を切り落とす。
2　ボウルにマヨネーズ、しょうゆ、みそを入れ、混ぜ合わせる。
3　2に1を入れ、混ぜ合わせる。

ジューシー×カリカリのコラボ
柑橘クリーム・クロワッサン

材料(2人分)
ヨーグルト(加糖)　400g
グレープフルーツ(ピンク・ホワイト)
　各1/2個
クロワッサン　2個

作り方
1　ヨーグルトは水気を切る。グレープフルーツは果肉を取り出し、粗く切る。
2　ボウルにヨーグルトとグレープフルーツを入れ、混ぜ合わせる。
3　クロワッサンに切れ目を入れ、2をはさむ。

memo
苦みのあるグレープフルーツって、お砂糖との相性抜群。なので、合わせるヨーグルトも加糖がいいんです。カリカリのクロワッサンとジューシー&クリーミーなフィリングのコラボがおいしいですよ〜。

grapefruit

lime

皮の苦みが効いた
ライムクッキータルト

材料(16cm × 22cm のバット 1 台分)
［クッキー生地］
- バター（常温に戻す） 100g
- 砂糖 30g
- 薄力粉（ふるっておく） 150g

［フィリング］
- 卵 2個
- 砂糖 100g
- 薄力粉 大さじ2
- ライム（果汁） 大さじ3

ライム 1個
グラニュー糖 大さじ3

作り方
1　ライムは輪切りにする。
2　耐熱皿に1のライムを広げ、グラニュー糖をまぶし、ラップをする。電子レンジに約6分かける。
3　クッキー生地を作る。ボウルにバター、砂糖を入れてよく混ぜ合わせ、薄力粉を加え、ひとまとまりにする。これをバットに敷き詰め、180度に温めたオーブンで約20分焼く。
4　フィリングを作る。ボウルに卵と砂糖を入れてよく混ぜ合わせ、薄力粉を加え混ぜる。全体がなじんだら、ライム果汁を加え、よく混ぜる。
5　3に4を流し込み、2のライムを並べ、180度に温めたオーブンで約15分焼く。
6　粗熱が取れたら、食べやすい大きさに切る。

SPRING

91

memo
お菓子というとレモンやオレンジを使うことが多いですが、ライムに替えるとまろやかな酸味と子ども味になりすぎない甘みが加わって絶品です。このタルト、冷やして食べても美味。

memo

強い甘みを持つオレンジとえびは、はちみつをからめることによって、深みある甘みに昇華するんです。見た目は豪華ですが、簡単に作れるし、前菜的料理として楽しんでください。

orange

SPRING

見栄え上等！
オレンジ & 有頭えび

材料(2〜3人分)
オレンジ　1個
有頭甘えび(刺身用)　8尾
はちみつ　大さじ1
ミント　1/4パック
ココナッツファイン、オリーブオイル、
　黒こしょう　各適量

作り方
1　オレンジは皮をむき、輪切りにする。えびは背ワタを取り、殻をむく。
2　器に1を盛り、ミント、ココナッツファインを散らす。はちみつ、オリーブオイルを回しかけ、こしょうをふる。

さわやかなひと皿
ルッコラと甘夏のサラダ

材料(2人分)
ルッコラ　1束
甘夏　1個
カッテージチーズ　50g
市販のシーザードレッシング　大さじ2

作り方
1　ルッコラは手でちぎる。甘夏は果肉を取り出す。
2　ボウルに1とカッテージチーズを入れ、軽く和える。
3　器に盛り、シーザードレッシングをかける。

amanatsu

memo
苦味を持つルッコラは柑橘との相性がいいハーブ。甘夏をグレープフルーツやオレンジに替えても、よく合います。

lime

memo
ナンプラーとか入れていないのに、ライムを入れるだけで味がエスニックに。

エスニックなおいしさ
ライムうどん

材料(2人分)
ライム　1個
豆乳　200ml
水　400ml
めんつゆ　大さじ2
ゆでうどん　2袋(300g)
小ねぎ　1/4束
桜えび　大さじ3

作り方
1　ライムは半分輪切りにし、半分絞る。小ねぎは小口切りにする。
2　水、豆乳、めんつゆ、ライム果汁を合わせ一煮立ちさせ、うどんを加え温める。
3　器に盛り付けライムスライス、小ねぎ、桜えびを添える。

lime

memo
合わせるビスケットを全粒粉ビスケットにするとより大人っぽい組み合わせになります。

ビスケットに合わせて食べる
ライムアボカドディップ

材料(2人分)
アボカド　1個
ライム(果汁)　1個分
グラニュー糖　大さじ1
ライムの皮　適量
ビスケット　4枚

作り方
1　アボカドはフォークなどでつぶす。
2　1にライム果汁を加え、よく混ぜる。冷蔵庫で冷やす。
3　ビスケットの上に2をのせ、グラニュー糖をふり、ライムの皮をけずる。

エスニックな香り
シーフードのライム蒸し

材料(2人分)
いか(下処理済みのもの) 1杯
ほたて 6個
ライム 1個
赤とうがらし 1/2本
白ワイン 50ml
ナンプラー 大さじ1
オリーブオイル 大さじ1
パクチー 2株
塩、黒こしょう 各適量

作り方
1 ライムは半量を輪切りに、もう半量は果汁をしぼる。パクチーはざく切りにする。
2 鍋にパクチー以外の材料を入れ、ふたをし、火にかける。
3 海鮮に火が通ったら、パクチーを加えざっくりと混ぜ合わせる。

memo
魚介に柑橘ってすごく合いますが、中でもライムはイチオシ！ きつすぎない酸味が、淡白な魚介とよく合うんですね。実はレモンを合わせるより、私は好きです。

lemon

煮るだけ簡単、万能コク出し調味料
みりんレモン

材料(作りやすい分量)
レモン　2個
みりん　150ml

作り方
1　レモンは細切りにする。
2　鍋に1とみりんを入れ、水分が無くなるまでときどき混ぜながら約20分煮る。

memo
材料と作り方は超シンプル。でも料理に使うとコク出しとアロマ効果の威力を発揮！　かなり使える調味料です。

焼きもちと

材料(2個分)
もち　2個
みりんレモン　大さじ2
しょうゆ　大さじ1
砂糖　小さじ1
焼きのり　1/2枚

作り方
1　焼きのりは半分に切る。小皿などに砂糖としょうゆを入れ、混ぜる。
2　もちを焼き、両面に1の砂糖じょうゆをつける。さらにみりんレモンをつけ、のりで巻く。

焼き鳥と

材料(1人分)
みりんレモン　大さじ1
酢　大さじ1
黒こしょう　適量
玉ねぎ　1/8個
焼き鳥　2〜3本

作り方
1　みりんレモン、玉ねぎは粗みじん切りにする。
2　1と酢を混ぜ合わせ、こしょうをふり、焼き鳥に添える。

ペンネに

材料(1人分)
ペンネ　70g
みりんレモン　大さじ4
粉チーズ、オリーブオイル　各大さじ1
黒こしょう　適量

作り方
1　ペンネはゆでる。みりんレモンは粗みじん切りにする。
2　ゆで上がったペンネとみりんレモンを混ぜ合わせ、粉チーズをふり、こしょう、オリーブオイルをかける。

SPRING

99

期間限定のおいしさ
夏みかんと新玉ねぎのおかかまぶし

材料(2人分)
新玉ねぎ・夏みかん 各1/2個
夏みかん(果汁) 小さじ2
しょうゆ 大さじ1
かつお節 3g

作り方
1 新玉ねぎは薄切りにし、夏みかんは果肉を取り出す。
2 夏みかん果汁としょうゆを混ぜ合わせる。
3 1を盛り付けかつお節をかけ2をかける。

memo
しょうゆと夏みかんの果汁を合わせることで、"即席ポン酢"の完成。これ、鍋のつけだれとしてもおいしいです。

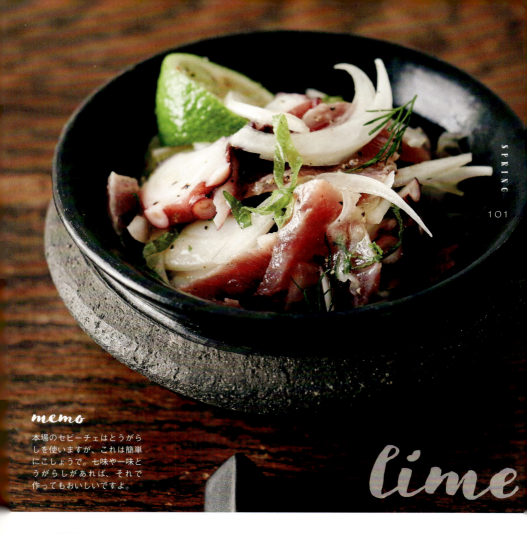

memo
本場のセビーチェはとうがらしを使いますが、これは簡単にこしょうで。七味や一味とうがらしがあれば、それで作ってもおいしいですよ。

サラダ感覚で食べられる
たことライムの簡単セビーチェ

材料(2人分)
たこ　80g
まぐろ　60g
ライム　1/2個
玉ねぎ　1/4個
オリーブオイル　大さじ2
ディル　2枝
大葉　3枚
塩、黒こしょう　各適量

作り方
1　たことまぐろは食べやすい大きさに切る。ライムはくし切り、玉ねぎは薄切りにする。ディルは葉をつみ、大葉は細切りにする。
2　ボウルに1を入れる。その際、ライムは果汁をしぼり、しぼった実も入れる。
3　オリーブオイル、塩、こしょうで味を調える。

すし酢じゃなくて果汁で作る
ちらし寿司

材料(2〜3人分)
ピンク・ホワイトグレープフルーツ　各1/2個
グレープフルーツ（果汁）　大さじ3
セロリ　1/4本
アボカド　1/2個
いくら　大さじ2
かいわれ大根　1/4パック
ごはん　1合分
塩、黒こしょう、オリーブオイル　各適量

作り方
1　グレープフルーツは果肉を取り出す。セロリは筋を取り、斜め薄切りにする。アボカドは薄切り、かいわれ大根は根を切り落とす。
2　ごはんにグレープフルーツ果汁を加え混ぜる。
3　2の上に1、いくらを散らし、オリーブオイル、塩、こしょうをかける。

grapefruit

memo

すし酢を使った酢めしは、独特の酸味と甘みがあって苦手！という人も多いのですが、すっきりとしたグレープフルーツ果汁で作ると、誰もがおいしく、食べやすい味に。レモン果汁で作ってもいいですよ。

memo
オレンジ果汁だけではパンチが足りないので、りんご酢をプラス。ほたてをたこに変えたり、懐かしい給食の味「ツナときゅうりの酢の物」をこれで作ってもおいしいです。

オレンジ果汁で和える
ほたてとわかめの酢の物

材料(2人分)
オレンジ　1個
わかめ(乾燥)、りんご酢　各大さじ1
ほたて　6個
オレンジ(果汁)　大さじ2

作り方
1　オレンジは果肉を取り出す。ほたては半分に切る。わかめは水で戻す。
2　ボウルに1とオレンジ果汁、りんご酢を入れ、よく混ぜ合わせる。

すだちと梅干しが効いた

かつおのすだちカルパッチョ

材料(2人分)
かつお(刺身用)　1/2柵
すだち　2個
梅干し　1個
塩、黒こしょう　各適量
すだちの皮　1個分
オリーブオイル　大さじ1

作り方
1　かつおは薄切り、すだちはピーラーなどで数枚皮をむき、残りを輪切りにする。むいた皮は細切りにする。梅干しは種を取り、粗切りにする。
2　器にかつおとすだち(皮と輪切り)を盛り、梅干しを散らす。塩・こしょうをふり、オリーブオイルをかける。

SPRING

memo
くさみの強い魚の代表・かつお。でも梅干しとすだちを合わせることで不思議なくらいくさみを感じなくなるんです。

sudachi

揚げ物のつけ合わせにも♪
紫キャベツのライムマリネ

材料(2人分)
紫キャベツ　2枚
紫玉ねぎ　1/4個
トマト　1/2個
ラディッシュ　3個
ライム　1/2個
塩、黒こしょう　各適量
オリーブオイル　大さじ2

作り方
1　紫キャベツはざく切り、紫玉ねぎは薄切り、トマトは食べやすい大きさに切り、ラディッシュは半分に切る。
2　ボウルに1を入れ、上からライムの皮をすりおろし、よく混ぜ合わせる。皮をすりおろしたライムはくし切りにし、果汁をしぼる。
3　2にオリーブオイル、塩、こしょうを加え混ぜる。

SPRING

107

memo

普通のマリネのように砂糖を使っていないので、食べると口の中がさっぱり！ 普通のキャベツで作ってもおいしいですが、紫キャベツで作ると見栄えも上々。

りんご酢を入れておいしく
デトックスウォーター

材料(2人分)
オレンジ 1個
レモングラス 4本
ミント 1/3パック
りんご酢 大さじ1
水 600ml

作り方
1 オレンジは半月切りに、レモングラスは2〜3等分に切る。
2 ジャグの中に1、ミント、りんご酢、水を注ぐ。

memo
通常、デトックスウォーターは水にフルーツやハーブを漬けるだけですが、正直おいしくないので(笑)、りんご酢で風味をつけました。環境の変化もあり、寒暖差が激しい春は体も疲れやすいとき。お酢のパワーも一緒にとっちゃいましょう。

memo

オレンジジュースに漬け込むことで、ただでさえやわらかいフィレ肉がしっとり・ふんわり、極上の舌ざわりに変身。マスタードのパンチも効いたレストランレベルのおいしさです。

オレンジジュースの威力！
豚フィレ肉のマリネ焼き

材料(2人分)
豚フィレ肉　300g
粒マスタード　大さじ1
オレンジジュース　100ml
リーフレタス　2枚
イタリアンパセリ　2本
オリーブオイル、塩、こしょう　各適量

作り方
1　豚肉は2cm幅に切り、塩、こしょうをふる。ポリ袋などにオレンジジュースとともに入れ、2時間以上おく。
2　フライパンにオリーブオイルを熱し、1の両面を焼く。焼き色がついたら、漬け汁を注ぎ、汁気が半分になるまで煮詰める。
3　2に粒マスタードを加え、全体になじんだら火を止める。
4　器に盛り、手でちぎったリーフレタス、イタリアンパセリを添える。

memo
牛乳で作るよりもあっさりとした仕上がり。バターとグラニュー糖で焼いたオレンジはあってもなくてもよし！ SNSに載せるならあった方が正解です（笑）。

卵とオレンジジュースに漬けこんで
シトラスフレンチトースト

材料（2人分）
オレンジ、卵　各1個
食パン（5枚切り）　2枚
砂糖　大さじ1
オレンジジュース　60ml
バター　20g
グラニュー糖　大さじ1

作り方
1　オレンジは輪切りにする。
2　バットに卵、砂糖、オレンジジュースを入れて混ぜ合わせ、食パンを漬ける。
3　フライパンにバターを熱し、2の両面を焼く。
4　3を取り出し、オレンジを入れ、グラニュー糖をふり、焼く。
5　皿に3を盛り、4をのせる。

超日本人好みの味
芳醇フムス

材料(2人分)
ひよこ豆(水煮)　200g
グレープフルーツ(果汁)　1/2個分
練りごま(白)　大さじ2
パプリカパウダー、クミンパウダー
　　各小さじ1/2
サワークリーム　50g
オリーブオイル　大さじ2
黒こしょう、バゲット(スライス)　適量

作り方
1　サワークリームとバゲット以外の材料をフードプロセッサーにかける。
2　器に入れ、サワークリームをのせる。オリーブオイル、パプリカパウダー(各分量外)をかける。バゲットを添える。

memo
ひよこ豆のペースト"フムス"。レモン果汁で作るところをグレープフルーツ果汁にしただけですが、そのおいしさに食べた人はびっくり！　レモンで作るより、舌なじみのいいなめらかなおいしさになるんです。

grapefruit

尾田衣子　オダキヌコ

料理教室「アシェット ド キヌ」主宰。大学卒業後、一般企業に就職するも、料理好きが高じて、働きながら辻クッキングスクールに通う。その後、ル・コルドン・ブルー東京校、イタリア料理留学を経て、西荻窪で料理教室を開く。『エル・グルメ』（ハースト婦人画報社）、『女性セブン』『CanCam』（小学館）、『VERY』『STORY』（光文社）など女性誌でも活躍。著書に『薬味食堂』（朝日新聞出版）、『あまったパンで魔法のレシピヨーロッパのおばあちゃんの知恵』（世界文化社）などがある。

＊ インスタグラム @kinukooda
＊ ホームページ http://ryo-ri.net

Staff

撮影：衛藤キヨコ　児玉響子（26〜27P）
デザイン：藤崎良嗣　五十嵐久美恵 pond inc.
イラスト：中嶋クミ
調理アシスタント：森川愛
スタイリング：尾田衣子
企画・編集・取材・文：児玉響子（オフィス バタートースト）

柑橘料理の本

発行　2017年7月25日　初版第一刷発行

著者　尾田衣子
発行者　永田勝治
発行所　株式会社オーバーラップ
　　　　〒150-0013
　　　　東京都渋谷区恵比寿1-23-13
印刷・製本　大日本印刷株式会社

Printed in Japan.
©Kinuko Oda／OVERLAP
ISBN978-4-86554-242-4　C0077

＊本書の内容を無断で複製・複写・放送・データ配信などをすることは固くお断りいたします。
＊乱丁本・落丁本はお取替えいたします。下記カスタマーサポートセンターまでご連絡ください。
＊定価はカバーに表示してあります。

オーバーラップ　カスタマーサポート
電話：03-6219-0850
受付時間：10:00〜18:00（土日祝日をのぞく）